BEI GRIN MACHT SICH IHR WISSEN BEZAHLT

- Wir veröffentlichen Ihre Hausarbeit, Bachelor- und Masterarbeit

- Ihr eigenes eBook und Buch - weltweit in allen wichtigen Shops

- Verdienen Sie an jedem Verkauf

Jetzt bei www.GRIN.com hochladen und kostenlos publizieren

Bibliografische Information der Deutschen Nationalbibliothek:

Die Deutsche Bibliothek verzeichnet diese Publikation in der Deutschen Nationalbibliografie; detaillierte bibliografische Daten sind im Internet über http://dnb.d-nb.de/ abrufbar.

Dieses Werk sowie alle darin enthaltenen einzelnen Beiträge und Abbildungen sind urheberrechtlich geschützt. Jede Verwertung, die nicht ausdrücklich vom Urheberrechtsschutz zugelassen ist, bedarf der vorherigen Zustimmung des Verlages. Das gilt insbesondere für Vervielfältigungen, Bearbeitungen, Übersetzungen, Mikroverfilmungen, Auswertungen durch Datenbanken und für die Einspeicherung und Verarbeitung in elektronische Systeme. Alle Rechte, auch die des auszugsweisen Nachdrucks, der fotomechanischen Wiedergabe (einschließlich Mikrokopie) sowie der Auswertung durch Datenbanken oder ähnliche Einrichtungen, vorbehalten.

Impressum:

Copyright © 2016 GRIN Verlag, Open Publishing GmbH
Druck und Bindung: Books on Demand GmbH, Norderstedt Germany
ISBN: 9783668344730

Dieses Buch bei GRIN:

http://www.grin.com/de/e-book/344623/reformen-der-schulwesen-schwedens-und-deutschlands-im-historischen-und

Hamid Bulut

Reformen der Schulwesen Schwedens und Deutschlands im historischen und aktuellen Vergleich

GRIN Verlag

GRIN - Your knowledge has value

Der GRIN Verlag publiziert seit 1998 wissenschaftliche Arbeiten von Studenten, Hochschullehrern und anderen Akademikern als eBook und gedrucktes Buch. Die Verlagswebsite www.grin.com ist die ideale Plattform zur Veröffentlichung von Hausarbeiten, Abschlussarbeiten, wissenschaftlichen Aufsätzen, Dissertationen und Fachbüchern.

Besuchen Sie uns im Internet:

http://www.grin.com/

http://www.facebook.com/grincom

http://www.twitter.com/grin_com

Reformen der Schulwesen Schwedens und Deutschlands im historischen und aktuellen Vergleich.

2. Fachsemester
Soziologie

Inhaltsverzeichnis:

Einleitung 3

I. Eine historische Perspektive auf das Schulwesen 1 3
    1. Deutschland 3
    2. Schweden 5
    3. Fazit 7

II. Schule Heute 8
    1. Deutschland 8
    2. Schweden 10
    3. Fazit 11

III. Schlussbetrachtung 12

IV. Quellenverzeichnis 14

Einleitung

Spätestens seit dem Pisa-Schock 2000 steht das deutsche Bildungswesen in Deutschland unter starker Kritik. Es wurden neue Ansätze von Teilreformen diskutiert, deren Umsetzung dann doch nicht umgesetzt worden sind. Ursachenforschung wird betrieben und die Verantwortlichkeit von den Akteuren von sich gewiesen. Die Kritik an einem überholten System und der fehlenden Chancengleichheit wurden lauter. Das schwedisches Bildungswesen zeichnete diesbezüglich lange Zeit ein entgegengesetztes Bild. Interessant ist hierbei, dass die Leistungsspanne(Streuung) der Schülerschaft in den Leistungen nicht so weit auseinander liegen wie in Deutschland.

Daher soll das Ziel dieser Arbeit sein, die Leitmotive, die Strukturelle Ausrichtung und die Finanzierung der Bildungswesen in Schweden und in Deutschland aufzuzeigen, um eventuell mögliche Verbesserungsmöglichkeiten, aber auch Störfaktoren in der vergangen Reformen ausfindig zu machen.

Es wird daher auf die historischen Entwicklungen der beiden Bildungssysteme eingegangen und die prägnanten Besonderheiten in den Strukturen und dem Aufbau der Schulwesen aufgezeigt. Anschließend sollen die beiden Bildungssystem im aktuellen Vergleich begutachtet werden. Dabei sollen auch Aspekte von Förderungsmaßnahmen zur Herstellung von Chancengleichheit betrachtet werden.

I. Eine historische Perspektive auf das Schulwesen 1

1. Deutschland

Bis vor 1920 waren divergente Regelungen für (Hoch)Schulformen im deutschen Reich die Regel.

Zusammen mit dem entstehen der Weimarer Republik entstand nun ein Schulsystem, welches das Ziel verfolgte die Bürger des Landes auch politisch zu bilden. So geschah es, dass ab 1920 schlussendlich die Schulpflicht für eine vierjährige Grundschulzeit etabliert wurde (*Döbert 2010*).

„Für die Aufnahme eines Kindes in eine bestimmte Schule sind seine Anlage und seine Neigung, nicht die wirtschaftliche und gesellschaftliche Stellung oder das Religionsbekenntnis seiner Eltern entscheidend." (Ramseger/Wagener 2008)
Gleichzeitig sollten nicht mehr familiäre Stellung und das Ansehen die Bildungslaufbahn des Kindes bestimmen. Es folgte somit eine meritokratische Orientierung als Entscheidungskriterium für die Auswahl der weiterführenden Schulform des Kindes. (Kiper/Meyer/Topsch/Hinz 2010)
In der Nachkriegszeit wurden in den westlichen und der sowjetischen Besatzungszone unterschiedliche Entscheidungen über die politischen Grundlagen des Bildungssystem getroffen. Dabei wurde in der Bundesrepublik Deutschland die Weiterführung der traditionell-föderalen Ordnung entschieden. Dadurch lag die Entscheidungsbefugnis bezüglich der Bildungspolitik bei den Ländern. (Lohmar/Eckhardt 2013).

Ab den sechziger Jahren fingen in der Bundesrepublik Deutschland die Schulreformen in sämtlichen Schultypen des Bildungssystems. Zu den Resultaten dieser Reformen gehören eine Vielzahl von neuen Schulformen(Beispielsweise die Gesamt-, Fachober-, Fachhoch- und andere Hochschulen), während ältere wie z.B. die Volksschule abgeschafft worden sind.

Ab dann war das deutsche Bildungswesen der BRD von einem dreigliedrigem Schulsystem aus der Haupt- und Realschule und dem Gymnasium geprägt. Derweil wurde in der angrenzenden DDR 1959 die polytechnische Oberschule eingeführt. Diese war als allgemeine Gemeinschaftsschule konzipiert
und vereinheiltlichte bisherige Schulformen im Schulsystem zu einer, welche zehn klassen umfasste und die damaligen Grund- und MIttelschulen ablöste. So gab es nun eine föderalistisch gespaltenes Bildungswesen in der BRD und eine zentralistisches Bildungssystem in der DDR (Döbert 2010)

Mit der Wiedervereinigung der Bundesrepublik Deutschland und der Deutschen Demokratischen Republik 1990 trat nun eine weitere Entwicklung im Bildungswesen in den Vordergrund. Die neuen Bundesländer Deutschlands traten der Kultusministerkonferenz bei.

Die Kultusministerkonferenz ist ein Zusammenschluss politischer Organe, der die Bildungs- und Kultuspolitik der Länder koordinieren soll. (Gayer/Reip 2012)

Das Ziel war eine neue Ordnung des Schulsystems zu erreichen, um zu einer kohärenten Zusammenführung der Schul- und Hochschulsysteme der neuen und alten Bundesländer zu erreichen. Das Resultat der Verhandlungen war dabei ein anderes, sodass schlichtweg das Schulsystem Westdeutschlands im Osten etabliert wurde. *(Döbert 2010)*
Den Bundesländern blieb durch den Föderalismus die Freiheit das Bildungssystem für sich selbst zu strukturieren. *(Döbert 2010)*

2. Schweden

Das schwedische Schulsystem erlebte Anfang des 20. Jahrhunderts durch Reformen in der Pädagogik entscheidende Entwicklungen. Man wandte sich von traditionell christlich orientierten Lehransätzen zu moderneren. Das Resultat war die Ausdehnung der Schulzeit und die Einführung der Einheitsschule.
So geschah es, dass ab 1920 die Volksschule zur Grundschule reformiert wurde. Als weiterführenden Bildungszweig schlossen sich das Gymnasium und die Realschule an *(Niehaus 2014)* .
Die Dauer der Grundschule wurde 1937 auf sieben Jahre verlängert, um so schlussendlich eine vereinheitlichte Schulpflicht für alle Schüler des Landes zu etablieren. Währenddessen wurde der Teilzeitunterricht gänzlich abgeschafft. Gleichzeitig etablierte man die kostenfreie Verpflegung der Schulkinder und den Ganztagsunterricht, da somit auch die Mütter berufstätig sein konnten. *(Döbert 2010)*
Im Jahr 1940 war eine Schulkommission beauftragt worden, welche das damalige Schulsystem begutachten sollte. Das Ziel dieser Kommission war es ein Schule zu entwickeln, welche im Dienste der Gesellschaft stehen sollte, bei der aber auch der individuelle Schüler im Mittelpunkt stehen sollte. Das heißt das Schulwesen sollte die individuellen Bedürfnisse berücksichtigen und auf diese eingehen, sodass niemand auf de Strecke bleibt.
Dieses Ziel wollte man erreichen indem man eine zentralistische Ausrichtung in der Steuerung und Planung des Bildungswesens verfolgte. Gleichzeitig war der Lehrstoff aber auch an die Anforderungen der Wirtschaft und insbesondere der Industrie gerichtet *(Döbert 2010)*.Die Debatten in der Bildungspolitik in den vierziger Jahren waren von Fragen nach der Art, Umfang und Zeitpunkt der Differenzierung im

schwedischen Schulwesen bzw. den Schulformen und dem Bildungsweg eines Schülers geprägt. *(Döbert 2010)*

1946 setzte dann eine radikale Reform im schwedischen Bildungssystem ein. Man begann schlussendlich mehrere Schultypen zu einem zusammenzuführen bzw. zu vereinheitlichen. Dazu gehörten die Volksschulen, weiterführenden Schulen, höheren Volksschule, kommunalen Mittelschulen und die Realschule *(Döbert 2010)*.

16 Jahre später wurde dann im Jahre 1962 die neunjährige Grundschule (Grundskola) als Einheitsschule eingeführt. Das Gesamtschulsystem sollte alle Schüler bis zur neunten Klasse gemeinsam in der Grundschule unterrichten. *(Niehaus 2014)*

Die Bildungspläne wurden dabei weiterhin durch eine zentralistische Planung realisiert. Landesweite Lehrpläne, legten die Unterrichtsstunden für jede Klasse und für jedes Fach einheitlich fest *(Döbert 2010)*. Über die Jahre hinweg steigerten sich die Tendenzen der Vereinheitlichung des Bildungssystems *(Niehaus 2014)*.

1964 wurde dann der gymnasiale Bildungszweig einer Reform unterzogen. Aus den bisherigen Bildungsabzweigungen (klassischen, realen, allgemeinen und dem kaufmännischen) wurde ein einheitlicher und gemeinsames. Ab dann wurden die Vorstellungen von einer Demokratisierung des Bildungssystems und der Chancengleichheit der Schüler präsenter in der Bildungspolitik. Während die Schulpolitik noch vorher von den Anforderungen der Wirtschaft geprägt waren, nahmen diese nun ab *(Döbert 2010)*.

Was folgte war der Schritt in Richtung eines bedingt dezentralisierten Schulsystems. Die Verantwortlichkeit lag dabei dezentralisiert bei den Kommunen Dabei wurden die Rahmenbedingungen weiterhin zentralisiert vom Staat vorgegeben *(Döbert 2010)*.

Dieser Entwicklung war notwendig, um den Forderungen eines demokratisierten Schulwesens gerecht zu werden, in dem der Schüler nun mehr Aufmerksamkeit erhielt. Die Schüler, Eltern und die Lehrkräfte sollten gemeinsam die Möglichkeit haben an der Struktur und Entwicklung ihrer Schule beteiligt zu sein *(Döbert 2010)*.

Den Gemeinden und Schulen wurden 1989 ein erhöhtes Maß an Möglichkeiten zur Partizipation in den Entscheidungen in der örtlichen Schulpolitik gegeben. Dies führte dazu, dass die Gemeinden und Schulen autonomer wurden, und ein Mitspracherecht bei der Belegung der Schulstunden hatten. Auch wenn der Anfang, die

Anzahl und das Ende der Stunden von den Kommunen bestimmt wurden (*Döbert 2010*).

Schlussendlich erhielten die Kommunen auch die finanziellen Zuständigkeit für die Grundschule und das weiterführende Gymnasium. Die Bildungsstandards wurden dabei weiterhin vom Staat vorgegeben. Dieses System ist bis heute noch so etabliert (*Döbert 2010*).

3. Fazit

Wenn man die historisch unterschiedlichen Entwicklungen der beiden Schul- und Bildungssystem betrachtet, wird deutlich, dass Schweden bereits an einem Punkt erreicht hat, den auch Deutschland anstrebt. Die Wünsche und Forderungen nach einer groß angelegten und umfassenden Schulreform werden dabei immer lauter.

Und auch die Leitprinzipien wie Chancengleichheit und Bildungsniveau, können übereinstimmend auch als Motive der deutschen Bildungspolitik gesehen werden. Der Blick auf die deutsche Historie scheint lässt vermuten, dass eine der Ursachen für den Rückstand des Bildungswesens im gespaltenen Deutschland in der Nachkriegszeit zu suchen ist.

In der Zeit des Kalten Krieges bis 1989, waren die Bildungssysteme und Bildungspolitischen Leitideen der BDR und der DDR vor allem durch die der Besatzungsmächte geprägt. Dieser Umstand machte Reformprozesse umständlich und verlangsamte ihn.

Mit der Wiedervereinigung im Jahr 1990 hätte die neue deutsche Gesamtregierung eine umfassende Schulreform nicht nur der neuen Bundesländer durchführen können. Durch die Ablehnung des sowjetischen Systems jedoch verstand man es nicht, die positiven Aspekte des DDR-Schulsystems zu übernehmen und beide Systeme zu einem optimierten Gesamtkonzept zu vereinigen. Diese Chance wurde verpasst, wodurch eine weitere langwierige Stagnation der Entwicklung beschlossen wurde.

II. Schule Heute

In diesem Abschnitt sollen zunächst die beiden Bildungswesen in ihrem Aufbau und ihren strukturellen Eigenschaften erläutert werden.
Im Anschluss sollen dann Gemeinsamkeiten und Unterschiede veranschaulicht werden.

1. Deutschland

Das Bildungswesen in Deutschland ist ein föderales System. Dabei hat zwar jedes der Bundesländer sein eigenes System, aber die Aufsicht über das gesamte Schulsystems unterliegt der Bundesregierung.
Die verschiedenen Parteien auf der Bundes- und Landesebene schaffen dabei die gesetzliche Grundlage der Bildungspolitik. Zusätzlich wirken Eltern-, Lehrer- und Arbeitnehmerverbände durch ihr Mitspracherecht auch auf diese Gesetzgebung ein (Döbert 2010).
Die Schüler und Schülerinnen beginnen ihre Schullaufbahn mit der Grundschule (Primärbildung). Regulär dauert die Grundschulzeit vier Jahre an. Die Bundesländer Brandenburg und Berlin schreiben dabei als Ausnahmen einen sechsjährigen Besuch der Grundschule vor. Von da an fängt der Übergang in die Sekundärstufe I an (Döbert 2010).
Das deutsche Bildungswesen umfasst mehrere verschiedene klassische Schulstufen im Sekundarbereich I. Als weiterführende Schulformen existieren die Hauptschule, Realschule, Gesamtschule und das Gymnasium. Zusätzlich gibt es für die Kinder mit (Lern)Behinderungen die Möglichkeit eine Förderschule bzw. Sonderschule zu besuchen (Döbert 2010).
Für die Verwaltung der Schulgesetzgebung und des Bildungswesens eines Bundeslandes sind die Länder selbst hauptverantwortlich. Auf der vierstufigen Schulverwaltung steht auf der höchsten Ebene der Bund selbst. Dieser wird durch die Kultusministerien repräsentiert. Danach folgen hierarchisch absteigend die Landesebene, die Kommunalebene und die Bildungsinstitutionen.
Die Pflichtschulzeit dauert in Deutschland bis zum vollendeten 15. Lebensjahr an und beginnt mit dem Besuch der Grundschule (Primarschulbereich).

Der Primarschulbereich hebt sich in Deutschland von der Sekundarstufe insofern ab, dass er größtenteils vereinheitlicht ist. Das heißt in allen Bundesländern wird die Grundschule vier oder auch sechs Jahre besucht.

In den meisten Ländern findet bis zur dritten Klasse noch keine numerische Benotung in Form von Zensuren der Kinder statt. Stattdessen erfolgt eine schriftliche Beurteilung der Leistungen. Ab dem dritten Schuljahr werden die Zensuren eingesetzt. Ab dem vierten beziehungsweise sechsten beginnt der Übergang in einen anderen Schultyp. Die Lehrer schreiben dazu eine unverbindliche Empfehlung, welche ihres Ermessens nach die geeignete Auswahl für den weiteren Bildungsverlauf der Kinder darstellen soll. (Döbert 2010). Auch wenn es diese Empfehlungen seitens der Lehrer gibt, wird diese von den Eltern der Kinder häufig bei der Auswahl der weiterführenden Schulform missachtet.

Dies bedingt vielfach, dass die Schülerinnen und Schüler auf einem Bildungszweig landen, der ihren Bedürfnissen und Fähigkeiten nicht entspricht. Das hat zur Folge, dass diese somit häufig unter- oder überfordert sind. (Döbert 2010).Die verbreitetsten Schularten des sekundären Bereichs im deutschen Bildungssystem stellen die Haupt- und Realschule und das Gymnasium dar.

Die Hauptschule entstand damals aus der Volksschule und noch bis zu den Siebzigern eine Schulen, welche den größten Anteil an Schülern ausmachte.

Heutzutage stellt sie aber nur noch gewissermaßen eine Schule dar, welche größtenteils problematische Kinder mit einer geringeren Lernmotivation oder allgemein schwerer zu unterrichtende Schüler und Schülerinnen unterbringt.

Die Hauptschule endet dabei mit dem Abschluss der neunten Klasse und ermöglicht den Kindern den Übertritt in eine Berufsschule oder aber in die Realschule (*Döbert 2010*).

Heute ist die Realschule, die mit größten Schüleranzahl. Diese wird mit der mittleren Reife abgeschlossen, welche den Absolventen den Übergang auf die Fachhochschule ermöglicht und somit sich für die Fachhochschulreife zu qualifizieren.

Das Gymnasium geht in die sekundäre Stufe II über und endet in der heutigen Zeit regulär mit dem 12. Schuljahr, nachdem dieses vor wenigen Jahren noch mit 13 endete. Die gymnasiale Schulform kann dabei verschiedenste Ausprägungen aufweisen. Beispiele wären wirtschaftswissenschaftliche oder musikalische Formen. Der erfolgreiche Abschluss des Gymnasiums, das Abitur, berechtigt den Abiturienten zum Besuch an Universitäten. *(Döbert 2010)*

2. Schweden

Das schwedische Bildungswesen ist dezentral und eingliedrig aufgebaut. Es besteht aus einem einheitlichem System, welches die Grundschule (Grundskola) als Basis hat und als weiterführende Schule das Gymnasium (Gymnasieskola) offeriert.

Somit stellt die Grundschule die größte Einheit dar, da sie alle Schüler vom ersten bis zum neunten Schuljahr umfasst. Nach dem Absolvieren der Grundschule geht die Mehrheit der Schüler auf das Gymnasium über *(Döbert 2010)*.

Das Bildungssystem ist heute dabei sehr dezentralisiert aufgebaut. Dadurch liegt Verantwortung über die Verfügung des Gestaltungsrahmens, die Planung der Schulsysteme und des Unterrichts allein bei den Kommunen des Landes.

Dem Gemeinderat obliegt die Ausformung des Schulplans. Diese beinhaltet unter anderem die Gestaltung des Schulwesens auf der Grundlage des Lehrplans der Regierung und des Bildungsgesetzes

Hinzukommt, dass die Kommunen Ziele vom schwedischen Reichstag gestellt bekommen, zur Erreichung derer sie verpflichtet sind.

Die Kommunen sind dabei hauptverantwortlich was die Einstellung des Personals der Schulen und deren Weiterbildung betrifft. Neben dem staatlichen Lehrplan und dem kommunalen Schulplan, sind die Schulen selbst auch verpflichtet einen Arbeitsplan aufzustellen, welche gestalterische und organisatorische Angelegenheiten beinhaltet. Damit auf die individuellen Bedürfnisse der Schülerschaft eingegangen werden kann, werden die Unterrichtsziele gemeinschaftlich von den Lehrkörpern mit Schülern ausgearbeitet. Die Kosten werden dabei gemeinsam von den Kommunen und dem Staat getragen *(Döbert 2010)*.

Der Staat leistet einen Zuschuss für die Selbstverwaltung der Kommunen, durch die diese die Kosten der Schulen finanzieren.

Damit die Förderung der Schülerschaft und die Weiterbildung der Lehrer gesichert ist, gibt es zusätzlich spezielle Zuschüsse. So wird gewährleistet, dass die Grundschule, die Gymnasien und die dazugehörigen Lehrematerialien, Verkostung, und die spezielle schwedische Sprachenförderung für Einwandererkinder kostenfrei bleiben.

Dabei wird möglichst versucht die Kinder so gut wie möglich in die Grundschule zu integrierten. Darum ist es keine Seltenheit, dass selbst Schüler mit Behinderungen in den „normalen" Unterricht integriert werden, statt diese an Sonderschulen zu übergeben.

Weitere Besonderheiten sind, dass der Schulbeginn der Schüler in Schweden auf Wunsch der Eltern etwas flexibler gestaltet werden kann. Der Unterricht erfolgt in der Grundschule bis zum neunten Schuljahr stets in der gleichen Schule. Die Klassenlehrer begleiten dabei ihre Schüler von der ersten Klasse bis zum Absolvieren der Grundschule. Dadurch sollen die Schüler eine spezielle Beziehung zu den Lehrkörpern aufbauen (Döbert 2010).

Der Unterricht kann dabei unterschiedlich ausgestaltet werden. Dies zeigt sich unter anderem in Klassen mit unterschiedlichen Altersstufen oder Interessenskreisen. Zusätzlich wird oft auch interdisziplinär unterrichtet.

3. Fazit

Ein Vergleich des Aufbaus der Schulwesen in Deutschland und Schweden lässt deutliche Unterschiede erblicken. Während man in Deutschland auf das föderale System setzt und ein mehrgliedriges Schulsystem, ist Schweden schon seit Jahrzenten im einheitlichen eingliedrigem Schulwesen angekommen. Schwedens dezentralisierte Struktur, legt dabei den Großteil der Entscheidungen in der Schulung der Kinder in die Hände der 289 Kommunen, ein solches System ist in Deutschland kaum vorstellbar.

Ein wichtiger Grund für das dezentralisierte System sind die Forderung und der Wunsch danach, Probleme im Schulwesen schnell und direkt den Bedürfnissen entsprechend handeln zu können.

Ein Deutschland ohne das traditionelle mehrgliedrige Schulsystem ist kaum vorstellbar. Aufgrund der föderalen Gesetzgebungskompetenz gibt es keine vereinheitlichte Regelung des Schulsystems.

Schweden Ganztagsschulen anbietet sind Schulen, die in den Alltag eingebunden sind. Die Kinder haben genug Freiraum, um zu entspannen und neue Kräfte zu sammeln. Die Unterrichtsstruktur ist dabei flexibel an den Fähigkeiten und den Bedürfnissen der Kinder anpassbar. Dagegen bedeutet im deutschen Schulwesen das Lernen für Schüler, dass Leistung zu erbringen ist. Und so, dass weniger die Fertigkeiten und Fähigkeiten entscheidend sind. Im Vordergrund stehen gute Noten. In Schweden dagegen ist eine neue Art und Weise der Bildungspolitik entwickelt worden. In dieser sind nicht die Abschlüsse oder die darin aufgeführten Noten entscheidender Wichtigkeit, sondern die Fertigkeiten und Fähigkeiten der Absolventen.

Zu beachten ist aber, dass seitdem in Schweden sich eine neoliberale Politik durchgesetzt hat, das schwedische Schulsystem sich nochmals reformiert hat. Das hatte unter anderem zur Folge, dass die Schulen teilprivatisiert worden sind, sodass diese sich nun im wirtschaftlichen Wettbewerb und in Konkurrenz stehen. Die Kosten für die Schulen sollten nun weniger vom Staat als mehr den Kommunen getragen werden, was Kürzungen der Zuschüsse und so Kürzungen von Fortbildungen, Lehrmitteln usw. zur Folge hatte. So konnten sich vermehrt elitäre Schule, aber auch „schlechte" und unbeliebte Schulen herauskristallisieren, welche mit dem egalitären (aber die Individualität betonenden) Leitmotiven der damaligen Reformen heute nur noch wenig gemein haben und zu homogenen segregierten Schulgruppen und Typen geführt haben.

Diese Folgen dieses Vorgehens scheinen sich auch in den aktuelleren Werten der Pisa Studien zu zeigen, die eine absteigende Tendenz aufweisen.

III. Schlussbetrachtung

Der Vergleich des deutschen und des schwedischen Schulsystems, lässt einige Gemeinsamkeiten, aber auch grundlegende Verschiedenheiten aufweisen. In Beiden Ländern besteht das Recht auf Bildung und eine allgemeine Schulpflicht. Die beiden Staaten unterscheiden sich dabei in der Verantwortlichkeit der Finanzierung von Lehrmitteln, Förderangeboten und Weiterbildungsmaßnahmen, sodass die schwedische Schülerschaft im Schnitt ein besseres Umfeld zur Verfügung steht, während private Nachhilfeangebote in Deutschland Hochkonjunktur erleben

Die eingliedrige Einheitsschule Schwedens stellt wohl die größte Differenz zum mehrgliedrigen Systems Deutschland dar. So schafft die Einheitsschule von der ersten Klasse an, einer Segregation bzw. Differenzierung der Kinder in ihren Bildungsläufen entgegen zu wirken, welche so den Besuch einer weiterführenden Schule fördert. Während man in der deutschen Bildungslandschaft noch versucht Homogenität in den Klassen zu erzeugen, wird in Schweden die Heterogenität betont. Das individuelle Fördern und Lernen und Entwickeln, hat sich zu einer Art Motto in den Schulen avanciert.

Im Motiv der Homogenität, bleiben die Kinder bei Lernprobleme in der Schulstufe sitzen oder wechselns die Schule. In Schweden hingegen besteht für die Kinder ein gesetzlicher Anspruch auf eine individuelle Förderung.

Historisch betrachtet war zwar 1990 bei der Wiedervereinigung Deutschlands die Möglichkeit gegeben ein weiterentwickeltes und einheitliches System zu etablieren, gegeben. Aber dieses Unterfangen, mündete schlussendlich zwischen einem Mittelweg und Resignation, um keine Risiken einzugehen.

Das hat zur Folge, dass Deutschland erst ist im letzten Jahrzehnt begann Reformierungen begann, welche sich in Richtung Chancengleichheit und an dem schwedischen Modell orientierend bewegen. Die Resultate zeigen sich nicht zuletzt in dem Aufschwung den Gesamt- und Gemeinschaftsschulen aktuell erleben, und die Haupt- und Realschulen zu Auslaufmodellen machen.

IV. Quellenverzeichnis

Döbert, Hans (Hrsg.) (2010): Die Bildungssysteme Europas. Albanien, Andorra, Armenien, Aserbeidschan, Belarus, Belgien, Bosnien-Herzegowina, Bulgarien, Dänemark, Deutschland, Estland, Faröer-Inseln, Finnland, Frankreich, Georgien, Griechenland, Irland, Island, Italien, Kosovo, Kroatien, Lettland, Liechtenstein, Litauen, Luxemburg, Malta, Makedonien, Moldawien, Monaco, Montenegro, Niederlande, Norwegen, Österreich, Polen, Portugal, Rumänien, Russische Föderation, San Mariono, Schweden, Schweiz, Serbien, Slowakische Republik, Slowenien, Spanien, Tschechische Republik, Türkei, Ukraine, Ungarn, Vereinigtes Königreich, Zypern. Baltmannsweiler (Grundlagen der Schulpädagogik 46) S.175-202 & S.645-663

Gayer, Bernhard; Reip, Stefan (2012): Schul- und Beamtenrecht für die Lehramtsausbildung und Schulpraxis in Baden-Württemberg. Haan-Gruiten (Bibliothek der Schulpraxis)

Kiper, Hanna; Meyer, Hilbert; Topsch, Wilhelm; Hinz, Renate (2010): Einführung in die Schulpädagogik. Berlin (Studium kompakt Unterricht, Schule)

Lohmar, Brigitte; Eckhardt, Thomas (Hrsg.) (2013): Das Bildungswesen in der Bundesrepublik Deutschland 2011/12. Darstellung der Kompetenzen, Strukturen und bildungspolitischen Entwicklungen für den Informationsaustausch in Europa. Bonn

Niehaus, Kevin (2014): Schulische Mehrsprachigkeitsförderung in Schweden und Deutschland. Sprachbildungsmaßnahmen zwischen Zweitsprache und Herkunftssprache. Hamburg

Ramseger, Jörg; Wagener, Matthea (Hrsg.) (2008): Chancenungleichheit in der Grundschule. Ursachen und Wege aus der Krise ; [in diesem Band werden die Referate der 16. Jahrestagung der Kommission "Grundschulforschung und Pädagogik der Primarstufe" in der Deutschen Gesellschaft für Erziehungswissenschaft (DGfE) zusammengefasst, die vom 24. bis 26. September 2007 in der Freien Universität Berlin stattfand ...]. Wiesbaden (Jahrbuch Grundschulforschung 12)

BEI GRIN MACHT SICH IHR WISSEN BEZAHLT

- Wir veröffentlichen Ihre Hausarbeit, Bachelor- und Masterarbeit

- Ihr eigenes eBook und Buch - weltweit in allen wichtigen Shops

- Verdienen Sie an jedem Verkauf

Jetzt bei www.GRIN.com hochladen und kostenlos publizieren